AF258816

LES TROIS

HOTELS-DE-VILLE

DU HAVRE.

NOMBRE DU TIRAGE DE CETTE ÉDITION :

10 Exemplaires papier vergé de Rives.

10 » » cream-laid de couleur.

500 » » ordinaire.

LES TROIS

HOTELS-DE-VILLE

DU HAVRE

NOTICE HISTORIQUE

Par V. TOUSSAINT, avocat.

HAVRE

IMPRIMERIE COMMERCIALE COSTEY FRÈRES

LIBRAIRES-ÉDITEURS

RUE DE L'HOPITAL, Nos 4 & 6.

MDCCCLIX.

INTRODUCTION.

FONDATION DU HAVRE

CAUSE DE L'ABSENCE DE MONUMENTS.

Le Havre est une ville toute moderne, dont la fondation date à peine d'hier. Ce ne fut, en effet, qu'après la bataille de Marignan, c'est-à-dire vers l'an 1516, que redoutant les entreprises des Anglais sur la Normandie, et surtout *pour le bien et utilité du royaume et pour la conservation, repos et soulagement des subjets et par espécial des gens et personnes exerçant le fait et trafic des marchandises par mer et par terre,* que le conseil de la couronne jugea utile de *faire faire et construire un hâvre et* *port de mer propre et convenable pour recueillir, loger et maréer tant les grands navires du royaume que autres de ses alliés* (*).

On sait que les *gens à ce connoissans*, chargés de visiter les ports et rivages du royaume, indiquèrent comme le lieu convenable le *port de Grâce* au baillage de Caux, que de Bonnivet, amiral de France, fut chargé, par le roi François Ier, de *percer, ouvrir et construire audit lieu de Grâce un hâvre et ville és-environs d'icelui* (*), et que celui-ci n'ayant pu remplir cette mission, elle fut confiée au sieur Guyon Le Roy, chevalier, seigneur de Chillou, vice-amiral, lequel s'en acquitta avec tant de zèle, que, dès le 8 octobre 1517 (*), la France était dotée d'un port auquel était réservée une haute prospérité commerciale. La ville *Françoise-de-Grâce* (**), naguère encore simple bourgade de pêcheurs, dépendant de la paroisse d'Ingouville, était devenue en quelques mois une cité aux rues droites et alignées, et entourée de fossés et de murailles destinés à en faire un des boulevards de la France.

Nous avions besoin de rappeler l'époque de la fondation du Havre et ses commencements, pour expliquer l'absence de ces monuments remarquables qui ornent d'autres villes. L'art gothique était en pleine

(*) *Charte de François Ier, de l'an 1520.*
(**) *Charte de Henri II, de l'an 1547.*

décadence à l'époque où le Havre fut bâti. On ne pouvait donc pas espérer de voir ces habiles fouilleurs de pierre, qui découpaient si patiemment la dentelle des vieux monuments du moyen-âge, travailler à orner cette ville toute nouvelle : car leur art n'existait plus. L'église Notre-Dame est un curieux spécimen de l'architecture de l'époque.

On pourrait s'étonner de n'y pas rencontrer plus de traces de l'architecture dite de la renaissance, de n'y pas voir reproduites plus souvent sur les façades des monuments, ces gracieuses arabesques, ces guirlandes de fleurs, ces anges bouffis, ces rinceaux, ces mascarons répandus à profusion sur toutes les constructions de cette époque. Mais cela s'explique facilement, si l'on considère la précipitation qui a présidé à la fondation du Havre. Une ville a été improvisée en quelques mois. L'église Notre-Dame n'était alors qu'une petite chapelle faite de bois et couverte de chaume, dans laquelle la mer pénétrait souvent pendant les offices.

Tout était donc à faire pour réaliser l'idée de François Ier. On allait alors au plus pressé, et on s'inquiétait peu de l'art, pourvu qu'on eût le nécessaire. La misère des premiers habitants du lieu, pauvres pécheurs, vivant du produit de leur pénible travail, était encore une autre cause qui concourait avec celle dont nous venons de parler, pour comprimer toute tentative qui aurait eu pour but l'embellissement des constructions. On trouvera la preuve de ce fait dans l'aspect misérable de la plupart des maisons qui datent de cette époque, et qu'on voit encore en grand nombre dans divers quartiers, et notamment à l'encoignure de la rue des Drapiers et du quai Videcoq, et au n° 19 de la rue du Grand-Croissant.

Aussi, vous ne trouverez point au Havre de ces maisons de bois si élégamment sculptées, qu'on rencontre à Rouen et dans les autres vieilles villes, et qui attestent l'opulence de ceux qui les habitaient. C'est à peine si vous trouverez deux maisons dans lesquelles une corniche, un arceau de porte viennent témoigner que l'art de la sculpture n'était pas inconnu au Havre. Aussi, depuis que la première maison du Havre, celle dite du *passeur*, située au coin des rues Royale et de la Crique, a été détruite, nous ne craignons pas de dire qu'il n'est pas dans notre ville une seule construction, municipale ou bourgeoise, que l'artiste et l'antiquaire puissent regretter de voir tomber sous le marteau des démolisseurs.

Les progrès incessants de la ville du Havre ont occasionné dans son existence un phénomène qui se rencontre dans l'histoire de peu de villes. Fondée à peine depuis trois cents ans, la ville du Havre a déjà vu élever son troisième Hôtel-de-Ville. Le premier, contemporain de la fondation et connu autrefois sous le nom de *Logis-du-Roi*, a été remplacé par le

Musée-Bibliothèque, en 1843. Mais depuis 1789, il avait cessé de servir aux réunions du Corps munici- pal, qui s'était mis en possession de l'*Hôtel du Gou- verneur*, attenant à la porte du Perrey. Enfin, le progrès continuant, le Havre ayant débordé les rem- parts qui l'étreignaient, l'Empereur Napoléon III en ordonna la démolition; et sur leur emplacement s'é- leva le troisième édifice, véritable palais municipal, digne de l'avenir de notre belle cité. Ce sont ces trois monuments que nous nous sommes proposé de dé- crire et dont nous allons retracer l'histoire.

CHAPITRE Ier.

PREMIER HOTEL-DE-VILLE

ANCIEN LOGIS DU ROI.

§ I

DESCRIPTION DE L'ANCIEN HOTEL-DE-VILLE.

L'ancien Hôtel-de-Ville était situé sur la place François Ier, à l'angle des rues d'Estimauville et des Viviers ; son architecture intérieure ou extérieure n'était pas capable de lui mériter l'attention. Construit en pierres et cailloux noirs jusqu'au premier étage, en bois aissanté d'ardoises au-dessus, cet édifice était bas et écrasé. N'étaient deux tourelles qui semblaient aspirer à lui donner l'aspect d'un château, on n'aurait pu le prendre que pour la plus humble des habitations bourgeoises.

« L'Hôtel-de-Ville, dit l'abbé Pleuvry (*), occupe le côté du nord sur la place d'armes, et regarde la mer et la rivière. Il contient plusieurs appartements de différentes grandeurs, ornés de lustres, de glaces et de tapisseries de haute-lice à personnages. On remarque surtout la salle des assemblées, où l'on voit un abrégé de l'histoire de Louis-le-Grand, peinte sur les murailles. Cet hôtel a deux cours, une sur la rue d'Estimauville, où il a aussi des appartements, et l'autre sur la place d'armes ; c'est la grande cour qui a plusieurs citernes pour fournir de l'eau pendant un temps considérable, quand les fontaines viennent à en manquer. Elle est environnée d'une galerie où l'on se promène, et fermée par une grille de fer où l'on voit les armes de France entre deux dauphins. Le revers de cet écusson offre les armes de la ville, où la salamandre est couronnée de même qu'au sommet de l'édifice qui est écrasé, et qui n'a point de frontispice qui soit convenable. »

L'édifice, tel que nous l'avons vu, était loin de cette pompeuse description. Plus de lustres, de glaces, de tapisseries de haute-lice, ni de peintures ; plus de galeries ; plus de grille ornée ; plus de salamandre au sommet de l'édifice : tout cela avait disparu. Il ne nous était resté qu'un manoir bas et

(*) *Histoire de la ville et du port du Havre-de-Grâce*, 2ᵉ édition, page 262.

écrasé sous un toit qui formait près de la moitié de la hauteur totale de l'édifice, dont nous allons essayer de compléter la discription.

Ainsi que nous venons de le dire, l'ancien Hôtel-de-Ville était précédé, sur la façade principale, d'une cour entourée d'un mur de deux mètres de hauteur environ. Le pavé était composé de cailloux de mer noirs et blancs, assemblés en compartiments réguliers. Le bâtiment n'avait qu'un seul étage et était peu élevé. Il était flanqué de deux tourelles dans le goût des anciens châteaux féodaux.

Le rez-de-chaussée, avons-nous dit, était construit en pierre de taille entremêlée de bandes de cailloux de mer noirs, au milieu desquels étaient encadrées des pierres blanches rondes. Il paraît que ce genre d'ornement avait été adopté par M. de Chillou, auquel est due cette construction, ainsi que nous allons le voir, *en mémoire*, disent les écrits du temps, *des deux grosses tours qu'il fist bastir à Gennes, au temps qu'il y estait lieutenant du roy Louis XII et du chasteau de Dourlans quy fust aussy basty par luy en rond.*

Une chose digne de remarque, et qui prouve combien nos pères tenaient peu à la symétrie, c'est que la porte qui s'ouvrait sur cette cour n'était point placée au centre du bâtiment. De l'un et de l'autre côté de cette porte, étaient disposées des fenêtres inégalement partagées en baies étroites par un montant en pierre. Les moulures qui ornaient ces fenêtres et la porte étaient les seules parties de l'édifice qui eussent conservé quelques traces de l'ornementation en usage à l'époque de sa construction.

Les tourelles qui flanquaient cette façade étaient en briques et en caillou noir, disposées également par bandes alternatives. L'usage des briques, qui ne se retrouvaient employées dans aucune autre partie de l'édifice, semblerait indiquer qu'elles étaient d'une époque plus récente. En l'absence de documents précis, on peut présumer qu'elles sont contemporaines des galeries qui entouraient la cour, et sur lesquelles nous reviendrons dans un instant.

L'unique étage élevé au-dessus de ce rez-de-chaussée était en bois, recouvert d'ardoises. Les fenêtres avaient été mutilées. Tous les caractères de la construction primitive avaient disparu. On remarquait seulement que cet étage, suivant l'usage de l'époque, était établi en encorbellement sur le rez-de-chaussée. La filière faisant saillie, sur laquelle reposait toute la bâtisse, était ornée d'une moulure. Il en était de même de l'extrémité des poutres qui formaient avant-corps.

Les façades des rues des Viviers et d'Estimauville, étaient entièrement semblables. Dans cette dernière était percée une porte en plein cintre qui donnait accès dans la cour intérieure, au milieu de laquelle coulait une fontaine. On remarquait que dans les pierres qui formaient le cintre de cette porte, étaient incrustés des cailloux noirs, comme ceux qui avaient servi pour les façades.

Pénétrons maintenant à l'intérieur par la porte qui donnait sur la cour d'honneur. En entrant dans le corridor, il fallait descendre une marche. A droite était une salle qui servait de greffe au Tribunal de Commerce, et qui était ornée d'une immense cheminée, en partie détruite. -A gauche était l'ancienne salle d'audience du Tribunal de Commerce, ornée de deux rangs de colonnes, et au fond de laquelle était jadis une cheminée dont il ne restait plus que les traces.

L'escalier qui conduisait au premier étage était laid et disgracieux, et semblait ajouté après coup ; les corridors étaient étroits et obscurs. L'ancienne distribution avait disparu presque en entier. Il en était de même de la décoration des appartements. On apercevait encore des traces de dorures sur le lambris qui garnissait l'ancien cabinet de M. le juge-de-paix. Une belle cheminée en plâtre, moulée avec soin, se voyait auprès de la salle d'audience.

Cette cheminée avait dû être ornée de trois tableaux qui avaient disparu. D'après son style, on peut penser qu'elle était contemporaine de l'édifice dont elle est un des débris les plus intéressants. Sur le montant, on remarquait les lettres G Y enlacées, qui sont sans doute le chiffre de Messire Guyon Leroy, sieur du

Chillou. Ce précieux reste a été conservé, et mérite-
rait une place dans notre Musée.

La partie la plus intéressante de l'édifice était sans
contredit la salle dite *faïencée,* ainsi appelée, parce
que, suivant un usage très répandu au XVIe siècle,
elle était pavée de petits carreaux de terre émaillés
de bleu et de blanc, qui formaient, par leur juxta-
position, des dessins réguliers. Cette salle était encore
tendue des tapisseries à personnages dont parle
l'abbé Pleuvry. Elle n'était pas plafonnée : mais les
sommiers et les soliveaux étaient décorés d'arabesques dans lesquelles l'or se mêlait à différentes
couleurs. A l'extrémité nord de cette pièce, il y avait
une cheminée en bois, ornée dans le même goût.
Démolie avec soin sous la surveillance de M. Gosse,
architecte de la ville, et restaurée avec goût par
M. Dherbés, décorateur du théâtre, sous la direction
de M. Platel, architecte, elle a pris place dans le
Musée. Au milieu de cette cheminée est un panneau
vide qui était occupé jadis, d'après les Mémoires du
temps, par un portrait de Charles IX, au-dessous
duquel on voyait un plan de la citadelle construite
par les ordres de ce prince. Le plan et le portrait
n'existent plus. Tout cela a disparu sans doute à la
révolution. Ces tableaux ont probablement été dé-
truits ; mais si, par un hasard inespéré, ils étaient
tombés entre les mains de gens amis des arts, qui
les eussent conservés, il serait vivement à désirer

que ces tableaux historiques fussent restitués à la ville du Havre, ou qu'au moins il en fût fait une copie.

Après avoir ainsi complété la description de l'ancien Hôtel-de-Ville, disons un mot de son histoire.

HISTOIRE DE L'ANCIEN HOTEL-DE-VILLE.

LES TROIS RAULIN.

Nous avons dit que M. de Chillou fut chargé par François Ier de la construction de la ville du Havre. *Au temps qu'il commença à faire travailler au bâtiment de ladite ville*, disent les Mémoires de Marseilles, auteur contemporain, *il fist construire pour luy et à ses dépens cet hostel pour luy servir de demeure.* Ces Mémoires ne nous disent pas l'époque précise où fut entreprise cette construction ; mais ils nous apprennent qu'elle le fut à la même époque que la tour, dite aujourd'hui de François Ier, qui fut commencée en 1520 et finie en 1532. L'Hôtel-de-Ville doit donc avoir été construit vers 1520.

Cependant, M. de Chillou était mort en 1533, et ses biens étaient passés aux mains de Louis et François Ourselon Du Plessis, seigneurs de Richelieu et de Vallyères, ses petits enfants, issus du mariage de Françoise-Anne, fille de messire Gaston de Brézé Maulevrier, prince de Foucarmont, avec son fils unique Gilles Le Roy, sieur Du Plessis, qui était mort empoisonné quelques années auparavant.

Comment la ville en devint-elle propriétaire ?

Les Mémoires du temps ne nous apprennent pas l'époque précise de cette acquisition. Ils se contentent de dire qu'elle eut lieu sous le règne de Henri II (1547 à 1559).

Les contrats d'acquisition font disparaître toute incertitude à cet égard. Par contrat du 16 janvier 1548, les héritiers du sieur de Chillou vendirent la maison bâtie par leur père, et qu'ils regardaient comme leur propriété, à un sieur Jean Regnard, bourgeois de Montivilliers. Mais celui-ci ne put entrer en possession de son acquisition. Le capitaine-gouverneur et les bourgeois de la ville du Havre se maintinrent en jouissance de cet édifice, prétendant qu'il avait été bâti pour leurs assemblées et qu'il leur appartenait. Un procès allait naître entre la Ville et les héritiers de Regnard, lorsqu'une transaction

intervint entre eux. Dans une assemblée des bourgeois, tenue le 25 janvier 1551, Jehan Deshays, Guillaume Horneau et Raulin Lebreton, élus au gouvernement de la ville, furent autorisés à traiter de
l'acquisition de l'Hôtel commun, moyennant 2,500
livres tournois. Le contrat d'acquisition fut réalisé
devant les notaires de la ville, le 2 février suivant.
Les bourgeois cédèrent en paiement, jusqu'à due
concurrence, aux héritiers Regnard, une maison
qu'ils avaient achetée le 31 janvier 1550, dans la rue
du Grand-Croissant, pour y faire leur Hôtel commun. Le tout fut ratifié par lettre du Roi Henri II,
datée d'Amboise, le 27 avril 1551.

Le 18 juin 1541, le Roi avait saisi en sa main,
comme souverain, le territoire de la ville du Havre,
dépendant jusqu'alors de la seigneurie de Graville,
et supprimé les rentes et redevances seigneuriales
que percevait le seigneur de Graville, *déclarant
qu'il prenoit en sa main tout ledit territoire, vou-
lant et entendant qu'il n'y eust que S. M. qui se
pust dire seigneur et propriétaire d'iceluy, à la
décharge toutefois de récompenser les seigneurs par-
ticuliers, lorsqu'ils se retireroient par devers S. M.,
qui donna au seigneur de Grasville* (messire Louis
de Vendôme, chevalier de l'ordre du Roi, vidame de
Chartres), *vingt-quatre acres de terre de la forest
des Hallates,* contenance égale à celle de la ville du
Havre à cette époque. Par suite de cette main-mise,

le Roi fit procéder, par une commission datée de Joinville, le 1er avril 1551, à de nouvelles fieffes du territoire et de la ville du Havre. Ce travail fut fait par Me Robert Haquet, contrôleur. *Il paroit*, disent les Mémoires de Marseilles, *par quelques extraits desdites pièces faits en* 1553, *qu'il y eust* 535 *places fieffées dans le quartier ou paroisse Notre-Dame, évaluées en total à* 69 *l.* 9 *s.* 6 *d. de rentes, par ainsy compris la place et l'Hostel-de-Ville, la place et marché de Canniballe, appartenant aux bourgeois en commun, scavoir la place et l'Hostel-de-Ville par* 16 *s.* 4 *d., celle du marché* 6 *s.* 1 *d.* Cette fieffe fut consentie le 11 avril 1553, par ordonnance de Charles de Moy, sieur de la Mailleraie, commissaire délégué à cet effet.

Les dépendances de l'Hôtel-de-Ville furent accrues sur la rue de la Fontaine-des-Viviers, par deux acquisitions, des 2 octobre 1577 et 12 mars 1599, et sur la rue d'Estimauville, dite rue de Sainte-Adresse, par les acquisitions des 24 décembre 1598 et 24 juillet 1599. De Sarlaboz, gouverneur du Havre, fit embellir, tant par dedans que par dehors, disent les *Mémoires de Marseilles*, et augmenter l'Hôtel commun du corps-de-logis étant entre cette maison et la maison Roisin, à l'ouest, et ce qui était bâti au bout de la salle dite *fayencée*. Il fit faire la devanture de la cheminée et peindre les sommiers et soliveaux de cette salle.

Les vastes citernes qui existent encore sous la cour d'honneur du Musée, ont été construites en 1585, sous le gouvernement d'André de Brancas, seigneur de Villars ; ces citernes, voûtées et soutenues par des piliers, sont un véritable monument. Les galeries qui étaient autour de la cour avaient été élevées en 1679, ainsi que l'attestait une inscription placée au-dessus de la porte, et furent démolies par suite d'une décision du 3 septembre 1770.

Cet édifice fut employé à usage d'Hôtel-de-Ville jusqu'en 1792, époque à laquelle la ville prit possession de l'Hôtel du Gouverneur. A partir de ce moment, il devint l'asile du Tribunal de Commerce et de la Justice - de - Paix, récemment créés par les lois de l'Assemblée nationale. Ces salles, qui avaient logé des Rois, et notamment Louis XVI, ne retentirent plus que des contestations des plaideurs, jusqu'en 1843, époque de sa démolition.

Les souvenirs historiques qui se rattachent à notre vieil Hôtel-de-Ville sont peu nombreux ; le temps des luttes des communes contre le pouvoir royal était passé. Toutefois, ses murs furent témoins d'une scène tragique que nous ne pouvons pas omettre : c'était sous le gouvernement de Georges de Brancas, marquis de Villars, seigneur de Graville, en 1599.

Il y avait, dans la garnison du Havre, trois frères, Isaïe Raullin de la Regnardière (*), cornette d'une compagnie des gens à cheval du duc de Villars ; Pierre Raullin de Saint-Laurent, lieutenant d'une compagnie de gens de pied entretenue par le roi en Normandie, et Jacques Raullin de Rogerville, enseigne de la même compagnie. Ils étaient fils de Robert Raulin, écuyer, avocat au Parlement de Rouen, et exerçant au Havre, où il demeurait.

Le 16 mars, à trois heures après-midi, en l'absence de Villars, ils furent mandés à l'Hôtel-de-Ville par le capitaine Goujon, lieutenant du Gouverneur. Là, que se passa-t-il ? C'est un mystère que l'histoire ne peut percer ; car les détails de leur entrevue sont restés secrets.

On en est réduit aux suppositions. Un historien d'imagination, M. Labutte, dans une notice publiée par M. Morlent, dans la *Normandie pittoresque*, et réimprimée sous le titre d'*Esquisses historiques sur le Havre*, suppose une intrigue amoureuse entre Pierre Raullin et Madame De Villars, le tout compliqué d'une rancune de Villars contre Raullin père, qui aurait refusé de plaider une mauvaise cause qu'il avait voulu lui confier. M. Morlent (**) rapporte que

(*) Ce nom est écrit Raullin dans le testament de Raullin père, dont nous parlerons plus loin. Dans le même acte, le nom de ses fils est écrit Raoulin.

(**) *Les trois Raulin*, récit authentique, p. 20.

Goujon , homme d'un caractère haineux , était jaloux de son autorité et de la faveur dont jouissaient auprès du Gouverneur les trois officiers, outre qu'ils lui portaient ombrage, en raison de l'estime dont jouissait leur famille et de l'aversion qu'il inspirait aux habitants, à raison de ses vexations incessantes. L'histoire manuscrite de Leveziel se borne à dire que *la tradition de la ville est qu'ils furent mandés pour l'estime que tous les bourgeois faisaient de leurs personnes, ou parce qu'ils le portaient trop haut, ce qui avait donné de la jalousie au Gouverneur.* L'abbé Pleuvry (*) prétend , au contraire, qu'ils furent sommés d'obéir à de certains ordres qu'ils crurent opposés au service du Roi et qu'ils refusèrent d'exécuter. M. Floquet (**), qui parait écrire sur des pièces authentiques , déclare qu'on ne voit point le sujet de la scène qui va suivre.

Goujon déclara aux trois frères qu'ils étaient prisonniers , et donna l'ordre de les conduire à la tour François Ier. Les trois Raullin le supplièrent de leur épargner une telle indignité, lui rappelant qu'ils étaient gentilshommes. Comme ils cherchaient à échapper aux soldats qui avaient mission de les arrêter, ils se virent chargés à coups d'épées et de

(*) *Histoire du Havre*, p. 125.
(**) *Histoire du Parlement de Normandie*, t. 4 , p. 33. C'est à cet ouvrage que nous empruntons la suite de ce récit.

hallebardes, et tirèrent aussi leurs épées, frappant
où ils purent. Mais leurs armes ne purent tenir longtemps contre des soldats nombreux et couverts de
cuirasses. Bientôt désarmés, deux d'entre eux tom-
bèrent percés de coups dans la salle des assemblées,
située au rez-de-chaussée. Le troisième s'étant dé-
gagé, chercha à s'échapper par une des fenêtres
donnant sur la cour. Mais s'étant trouvé accroché à
un clou fiché dans la muraille, il fut atteint par les
assassins et succomba comme ses frères. Le pavé de
la salle fut tellement abreuvé du sang de ces mal-
heureux, que, suivant une tradition que rapporte
l'abbé Pleuvry, il fut impossible de le nettoyer, et
qu'on y voyait encore, fort longtemps après, ces
marques sanglantes.

On enterra secrètement les corps des trois victimes
dans la chapelle Saint-Sébastien de l'église Notre-
Dame, auprès du corps de leur mère, née Le Thiais.
Puis on répandit le bruit qu'ils étaient coupables
envers le Roi. Le père infortuné chercha vainement
à exciter une sédition par les largesses qu'il fit au
peuple. La terreur inspirée par cette effroyable exécution fut telle que personne ne bougea. Robert
Raullin crut pouvoir confier le soin de sa vengeance
à la justice et porta plainte au Parlement de Rouen.
Alors, éclata une de ces luttes scandaleuses entre un
homme puissant et le Parlement, luttes dont plus
d'un exemple se rencontre dans notre histoire.

De Villars prit en main la défense de son lieutenant, et, d'accord avec le duc de Montpensier, il fit
tous ses efforts pour soustraire l'affaire au Parlement
et la faire attribuer au Grand-Prévôt. Néanmoins, le
Parlement envoya au Havre deux commissaires, les
conseillers De Brinon et De Croismare. En route,
ceux-ci reçurent une lettre de Villars, les informant
qu'il ne les laisserait pas s'ingérer dans cette affaire,
et qu'on ne leur ouvrirait pas les portes de la ville. Il
fut fait comme il l'avait dit et les deux commissaires durent retourner à Rouen, après avoir dressé
un procès-verbal constatant l'entrave apportée à l'accomplissement de leur mission. Ces commissaires
allaient se rendre auprès du Roi, avec un président
et le procureur-général, pour lui dénoncer ce scan-
dale, lorsque le premier président Groulart reçut du
Roi une lettre lui annonçant qu'il avait décidé que
l'instruction se ferait concurremment par le Parlement et par le lieutenant du Grand-Prévôt, et que
les deux procédures lui seraient transmises pour
qu'il fit connaître sa volonté.

Les magistrats reprirent donc leur route, accom-
pagnés d'un huissier. Mais ils trouvèrent encore les
portes de la ville fermées, malgré leurs sommations
et les murmures des habitants qui se voyaient pri-
vés de l'espoir d'avoir justice. Plainte fut portée au
Roi, qui enjoignit aux commissaires de retourner au
Havre, promettant que force resterait à la loi. Pour

la troisième fois s'acheminèrent vers le Havre les
conseillers De Brinon, De Croismare, le procureur-
général Le Jumel de Lisores et un notaire-secrétaire,
précédés de l'huissier Marc et escortés de valets
armés.

Comme ils sortaient d'Harfleur, le capitaine Vil-
lette se présenta à eux porteur d'une lettre de Goujon, par laquelle il leur signifiait que, s'ils n'étaient
pas porteurs d'une commission spéciale, signée du
Roi et scellée du sceau royal, ils n'entreraient point
dans le Havre, que tels étaient les ordres de Villars,
absent en ce moment. Les commissaires du Parlement voulurent passer outre et vinrent en vue de la
porte d'Ingouville. Mais à ce moment, les portes de
la ville furent fermées et les ponts-levis dressés. Les
magistrats s'approchèrent de la barrière en avant de
la porte. L'huissier Marc fit connaître leur qualité et
leur mission aux soldats de garde. Il s'ensuivit de
longues allées et venues sans résultat. Enfin, le capitaine La Ferrière vint leur demander s'ils avaient
une commission du Roi. Les commissaires protestèrent contre cette prétention et demandèrent à parler à Goujon. Des officiers allèrent le prévenir. Cela
dura près de trois-quarts d'heure. Pendant ce temps,
les murailles de la ville s'étaient garnies de bourgeois, spectateurs silencieux, mais vivement impres-
sionnés de cette scène. Un moment les magistrats con-
çurent la pensée de faire proclamer à haute voix la

lettre du Roi, adressée au Parlement. Mais la crainte d'exciter une sédition les arrêta.

Bientôt, Goujon fit dire qu'il était malade. Alors les commissaires du Parlement se rendirent à la porte du Perrey et se trouvèrent en face de Goujon. L'explication fut vive, mais n'amena aucun résultat. Goujon voulait leur persuader d'aller à Montivilliers, attendre l'arrivée du commandeur De Chaste, qui verrait leurs lettres et se résoudrait. Les magistrats refusèrent et retournèrent à Rouen, où l'indignation fut grande. Le Parlement décréta Goujon de prise de corps et fit rendre compte au Roi de ce qui venait de se passer.

Le Roi, en apprenant cette audacieuse révolte contre son autorité et celle de la loi, fut indigné, et avisant De Villars au milieu de ses courtisans, il lui enjoignit de se rendre à son poste et de remédier aux désordres survenus en son absence. Il fut en outre chargé de remettre, en passant à Rouen, au premier président, une lettre du Roi pour féliciter le Parlement de son zèle. Là, De Villars désavoua son lieutenant et sa rébellion. Le Parlement rendit un nouvel arrêt, enjoignant à ses commissaires de retourner au Havre instruire sur le meurtre des Raullin et sur la rébellion de Goujon. De Villars chercha à incidenter sur l'étendue des pouvoirs donnés aux commissaires. Mais le Parlement tint bon ; et les commissaires partirent. Ils n'éprouvèrent plus d'obstacles dans l'accomplissement de leur mission. Mais Goujon avait pris la fuite.

L'instruction terminée, les commissaires retournèrent à Rouen, en recommandant à Villars d'interdire à Goujon l'entrée de la ville, et de l'arrêter s'il y reparaissait. A peine étaient-ils partis, que Goujon reparut. Vainement, il offrit à De Villars sa démission de ses fonctions de lieutenant ; Villars la refusa. Ces faits excitèrent dans la population le plus vif ressentiment. Les uns voulaient se soulever, les autres recourir au Roi ; un grand nombre déclarant *qu'ils aimaient mieux quitter la ville que d'y vivre sous le commandement de pareils assassins.* Le Roi, après avoir pris connaissance des informations, fit renvoyer la procédure au Parlement, par arrêt du conseil privé du 21 mai. L'énergie du Parlement ne paraît pas s'être soutenue jusqu'au bout. Car Goujon fut renvoyé absous, aussi bien de l'assassinat des Raullin que de son audacieuse rébellion.

On a raconté que le père infortuné, en apprenant cette nouvelle, dans son jardin d'Ingouville, sous une tonnelle ombragée de lilas fleuris, expira dans les bras de ses amis, en disant qu'il allait demander là haut la justice qui lui était refusée ici bas. D'autres ont prétendu qu'au moment où il se présenta devant le tribunal pour demander justice, il se livra à de grands éclats de rire, frappé qu'il était de démence. Ce sont des circonstances purement imaginaires qui ne

devraient pas trouver place dans des récits qualifiés
historiques. Robert Raullin survécut plusieurs années
à cette catastrophe. Le 30 août 1602, par acte passé en
l'église Notre-Dame, par devant Mes Martin Fresquet
et Isaac Dorléans, tabellions royaux, en présence de
Guillaume Réautté, bourgeois, trésorier comptable
de l'église Notre-Dame, Pierre Hérault, François
Beaudoin, sieur de Cormeilles, et Louis Fleurigand,
lieutenant en la vicomté de Montivilliers, trésorier de
l'église et bourgeois de cette ville, acceptants, Robert
Raullin déclara donner à ladite église *trois écus un
tiers de rente par an*, payables les 16 novembre et 16
mars de chaque année et racquittables au denier dix.
Les charges de cette donation étaient de « faire dire,
» chanter et célébrer par les prestres choristes, re-
» vêtus des chappes et ornements d'icelle église
» Notre-Dame par chacun an perpétuellement et à
» toujours à l'avenir, aux frais et dépens du temporel
» d'icelle église, deux services, une vigille et une
» grande messe de *Requiem* dans la chapelle Saint-
» Sébastien, un *Libera* qui se commence *Quando
» Deus* et les oraisons suivantes accoutumées être
» dites pour les trépassés, à l'endroit où le corps de
» feue demoiselle Jeanne Le Thiais, femme dudit don-
» neur, inhumée en ladite chapelle est, et de Jean
» Isaye Raoullin, écuyer, sieur de la Regnardière, vi-
» vant cornette de la compagnie des gens de cheval
» de Monseigneur De Villars, gouverneur pour le Roy,

» en ladite ville de Grâce ; de Pierre Raoullin , écuyer,
» sieur de Saint-Laurent, vivant capitaine d'une
» compagnie des gens de pied entretenue pour le Roy
» en Normandie, et de Jacques Raoullin, écuyer, sieur
» de Rogerville , enseigne de ladite compagnie de
» gens de pied , tous trois décédez dans ladite ville de
» Grâce le mardy seize^{me} mars mil cinq cents quatre-
» vingt-dix-neuf, trois heures après-midy, sont in-
» humez à l'entrée d'icelle chapelle Saint-Sébastien ,
» le premier desdits services le trois^{me} jour de no-
» vembre et le second le seize de mars sur les dix
» heures du matin, les trois cloches sonnantes, le
» cierge bénit de l'église brûslant au bout du cer-
» cueil qui sera sur lesdites tombes où sont inhumez
» lesdits défunts , couvert d'un drap des trépassés,
» ainsi qu'il est accoutume , le tout à l'intention de
» prier Dieu, le créateur, par son fils Jésus-Christ,
» notre sauveur et rédempteur pour les âmes desdits
» deffunts que pour ledit donnateur, parents et amis
» d'iceux vivants et trépassés. » En conséquence de
cette donation, Robert Raullin fut autorisé à faire placer dans l'église une tombe de pierre au lieu où
étaient inhumés les corps de ses fils et une épitaphe
de pierre enchassée dans l'un des piliers de la chapelle Saint-Sébastien. Cet acte était passé en présence
et du consentement de vénérables et religieuses personnes : frère Jacques Martel , docteur en théologie,
curé de Notre-Dame-de-Grâce, de Jean Mathieu,

écuyer, conseiller du Roi, lieutenant pourvu par S. M. de M. le bailly de Caux en ladite ville ; de Pierre de Marseilles, écuyer, procureur du Roi au Havre. En exécution de cette disposition, Robert Raullin fit placer dans l'église l'inscription suivante :

EPITAPHE

Icy reposent les corps de Isaye Raoulin Ch[r] Sr de la Regnardière vivant cornette de la compaignie des gens à cheval de feu Monsr de Villardz vivant admiral de France et gouverneur pour le roy en la ville de Grâce, de Pierre Raoulin Ch[r] S[r] de St Laurens vivant lieutenant en une compaignie de gens de pied entretenus par le roy en Normendie et de Jacques Raoulin Ch[r] Sr de Rogerville vinant enseigne de la dite compaignie de gens de pied, fils uniques de Robert Raoulin Escuyer advocat en parlement, décédez en ceste ville du Havre de Grâce le seize jour de mars mil cinq cent quatre vingt dix neuf en une mesme heure. ⌒ Priez Dieu pour leurs âmes.

Cette inscription est ornée, dans le haut, d'une tête d'ange aux ailes ouvertes, et de deux écussons placés à droite et à gauche et surmontés d'un cimier. Elle n'échappa point aux fureurs révolutionnaires. En

1793 , les écussons furent mutilés à coups de ciseau, et la pierre elle-même, arrachée du pilier de la chapelle Saint-Sébastien, servit à réparer la fontaine qui se trouvait rue Fontaine-des-Viviers, où elle fut découverte en 1856, lors de sa démolition. Une partie de l'inscription avait disparu et a pu être facilement rétablie. La pierre restaurée a été déposée au Musée sur l'emplacement où a été commis le crime qu'elle rappelle. Robert Raullin mourut vers 1610 (*) , laissant deux filles : Jane-Marie-Françoise et Marie-Victoire. On a prétendu que Raullin était sans fortune. Il résulte de l'acte de partage de sa succession, du 27 août 1610, qu'il était propriétaire d'une maison sise au Havre , à l'angle du Grand-Quai et de la rue Saint-Julien , d'une autre dans la même rue , d'une troisième dans le quartier Saint-François sur le quai , d'une ferme de huit acres, sise à Gainneville , d'une autre ferme de dix acres, sise à Graville près d'Harfleur, non compris une ferme de dix-huit acres , sise à Rolleville, donnée en dot à sa fille aînée au moment de son mariage avec Jacob Odieuvre , sieur de Vymare.

Telle est la vérité sur cette terrible tragédie. Les faits certains et exacts que nous avons rapportés suffisent pour mériter l'intérêt, sans qu'il soit besoin de les embellir par des détails imaginaires.

(*) Il n'existe pas de registre de décès des paroisses du Havre pour cette époque.

En dehors de ce fait, les seuls souvenirs historiques qui se rattachent au Logis-du-Roi, sont les visites des Rois qui ont honoré le Havre de leur présence : François Ier en 1544 ; Henri II en 1549 ; Henri III en 1576 ; Henri IV en 1603 ; Louis XV en 1749, et Louis XVI en 1786. C'est sans doute aux ameublements préparés pour le voyage de Louis XV qu'il faut attribuer l'origine du magnifique meuble de Boule qui figure au Musée et qui a été découvert, en 1849, dans un des bureaux de l'administration de l'octroi, dans l'état le plus déplorable.

CHAPITRE II.

DEUXIÈME HOTEL-DE-VILLE

LOGIS DU GOUVERNEUR.

DEUXIÈME HOTEL-DE-VILLE.

Les Gouverneurs du Havre faisaient rarement leur
résidence dans notre ville. Ils étaient remplacés par
un lieutenant du Roi, qui avait tout à la fois l'autorité civile et militaire, qui présidait les assemblées
des échevins et avait les troupes royales sous ses
ordres. Pour loger ce haut fonctionnaire, la ville
avait fait bâtir sur un terrain lui appartenant, entre
le bastion Saint-André et la porte du Perrey, et
la rue des Ecuries, dite depuis de la Corderie, une
maison en bois, consistant en caves, rez-de-chaussée

et greniers en mansardes, avec jardin y attenant. Sur l'épaisseur du mur du corps de place, existait une galerie de deux mètres de hauteur, percée de meurtrières sur le fossé (*). Dans ce terrain était enclavé un corps-de-garde, élevé comme le reste aux frais de la ville. A quelle époque faut-il faire remonter ces constructions? Il est présumable qu'elles existaient en 1599, et que c'est là ce qui explique comment les commissaires du Parlement purent, en se transportant à la porte du Perrey, se trouver inopinément en présence de Goujon.

Les lieutenants du Roi ne tardèrent pas à trouver que ce logement était insuffisant et allèrent s'installer à la citadelle. Le logis de la porte du Perrey fut attribué à l'ingénieur de la place. Les choses restèrent en cet état jusqu'en 1750. A cette époque, le logis du lieutenant du Roi tombait en ruines. Il fut question de le démolir; et l'administration de la guerre projeta d'élever sur son emplacement le terre-plein du rempart et un mur. Mais le gouverneur et les échevins protestèrent contre cette prétention, qui n'allait à rien moins qu'à dépouiller la ville d'une propriété qui lui appartenait de temps immémorial, comme l'emplacement de la Bourse, situé vis-à-vis.

M. De Virieu-Beauvoir, qui occupait alors l'emploi de lieutenant du Roi, représenta aux maire et éche-

___
(*) Archives de la ville.

vins les inconvénients du logement qu'il occupait à la citadelle, et qui était bas et incommode comme les casernes actuelles, les quatre pavillons n'ayant été construits que vers 1785. Il les invita à lui faire édifier un hôtel plus convenable sur l'emplacement de la maison dont nous venons de parler. Ce projet fut accueilli par les bourgeois qui, pour subvenir à la dépense de cette construction et à la réédification du prétoire qui était étayé de tous côtés et hors d'état de servir sans péril, et des prisons qui présentaient la situation la plus déplorable, votèrent la prolongation du doublement des octrois pour vingt ans à partir du 1er janvier 1755. Cette autorisation fut accordée à la ville du Havre par arrêt du Conseil-d'État du Roi du 6 juillet 1750, qui consacrait ainsi d'une manière irrévocable les droits de la ville à la propriété du terrain sur lequel elle se proposait de bâtir. Le corps-de-garde qui faisait un enhachement dans ce terrain, fut démoli, suivant délibération du 25 mai 1752, et réédifié sur le terrain situé en face.

Les plans du nouvel édifice furent dressés par Le Carpentier, architecte du Roi, et furent convenablement appropriés au terrain dont on disposait et à la destination spéciale du bâtiment. Ce qui distingue cette construction, c'est la simplicité, quoiqu'elle ne soit pas dépourvue d'une certaine noblesse, surtout du côté de la mer. Sur la rue de la Corderie, le bâtiment forme deux ailes entourant une cour fermée par une

porte en arcade surmontée des armes du Havre aux-
quelles sont accolés deux cimiers d'un beau caractère.

A l'intérieur, l'escalier est beau et commode. La
rampe devait être ornée de panneaux représentant,
le premier un trophée d'armes, le second les armes
du roi, le troisième celles du Havre et le quatrième
celles de M. De Beauvoir. Mais cette partie du pro-
gramme ne paraît pas avoir été exécutée. Les appartements de réception, qui se composaient d'un vaste
antichambre, d'une salle à manger ayant issue sur
le bastion Saint-André, à l'angle duquel était construit
un petit pavillon, puis d'un grand salon orné de belles
boiseries en style Louis XV et de glaces, sont vérita-
blement beaux.

En 1791, la charge de lieutenant du Roi ayant été
supprimée, le logis du gouverneur devint vacant. A
cette époque, les réunions du corps municipal avaient
lieu à l'ancien Hôtel-de-Ville; mais le bureau de
l'administration était au prétoire dans le local occupé
au rez-de-chaussée, pendant longtemps, par la bibliothèque publique, et présentement par le procureur
impérial. A ce moment, l'administration municipale,
qui avait à pourvoir à l'installation de la justice de
paix nouvellement créée, conçut le projet d'abandon-
ner l'ancien Logis-du-Roi au Tribunal de commerce
qui occupait le local réservé à l'amirauté, et le surplus
au juge de paix, et de concentrer ses bureaux dans
l'hôtel du gouverneur. L'administration du district fit

quelques objections à ce projet, en se fondant sur ce que cet édifice était trop éloigné du centre et qu'il conviendrait de l'en rapprocher. Mais le conseil municipal passa outre, et en janvier 1792, les bureaux et toute l'administration municipale furent installés dans leur nouveau local. On a avancé qu'à cette époque, la ville acheta cet édifice. C'est une erreur qu'il importe de ne pas laisser subsister. La ville ne pouvait pas acheter ce qui était sa propriété incontestable, et reconnue même par le ministre de la guerre, le 5 mai 1792.

Depuis cette époque jusqu'à nos jours, le nouvel Hôtel-de-Ville a servi de lieu de réunion au corps municipal et a vu se dérouler les événements qui ont marqué notre histoire politique depuis soixante ans. Ainsi, le 14 frimaire an II (4 décembre 1793), une délibération du conseil de la commune imposa à notre ville la flétrissure du nom de Marat (le Havre-Marat). Ensuite, l'Hôtel-de-Ville reçut, en 1802, Bonaparte, le premier Consul, qui revint comme Empereur en 1810 ; puis en 1831, Louis-Philippe ; en 1849, Louis Napoléon, Président de la République, sans parler des duchesses de Berry et d'Angoulême, et du duc et de la duchesse d'Orléans.

CHAPITRE III.

TROISIÈME HOTEL-DE-VILLE.

TROISIÈME HOTEL-DE-VILLE.

Cependant le Havre, grâce à une prospérité commerciale non interrompue, avait débordé au-delà des limites de ses fortifications. La loi du 9 juillet 1852 avait fondu en une seule ville les communes du Havre, d'Ingouville et partie de celles de Graville et de Sanvic. La destruction des fortifications avait été la conséquence de cette réunion. La ville, par conventions passées avec l'État et ratifiées par décret du 24 mai 1854 et confirmées par la loi du 22 juin de la même année, s'était obligée à construire, dans le

délai de trois ans, sur le terrain des fortifications,
un Hôtel-de-Ville évalué à 900,000 francs. L'emplacement choisi pour cette construction se trouvait à
l'extrémité de la rue de Paris prolongée et faisait
face à l'ancienne ville. Une vaste place devait régner
au-devant de l'édifice.

Les plans furent dressés par M. Brunet-Debaines,
qui avait déjà construit le Musée-Bibliothèque. La
première pierre de l'édifice fut posée, le 2 septembre
1855, par S. A. 1. le Prince Jérôme, en présence de
M. le baron Leroy, préfet du département, M. le baron Lepic, sous-préfet de l'arrondissement, M. Ed.
Larue, maire, MM. J. Maire, V. Toussaint, L. Mazé et
J.-B. Mallet, adjoints, et de toutes les autorités ci-
viles et militaires invitées à cette cérémonie, dont
une médaille gravée par Gayrard a consacré le sou-
venir.

Les travaux de construction ont été poussés active-
ment par l'entrepreneur, M. Requier, en sorte que
l'édifice a pu être inauguré en septembre 1859. Il
reste encore bien des travaux de décoration à termi-
ner à l'intérieur ; mais les locaux destinés à l'administration sont achevés entièrement. Le devis primitif
qui était de 800,000 francs, non-compris les appro-
priations intérieures, est dépassé d'une somme im-
portante. On peut évaluer la dépense totale à environ 1,800,000 francs, ce qui comprend, il est vrai,
tous les travaux accessoires et dépendances.

L'édifice que l'Empereur, en 1857, a qualifié de *Petit Louvre*, présente dans son ensemble un aspect digne de la cité pour laquelle il est destiné. On peut regretter qu'il soit placé un peu en contre-bas de la rue de Paris; mais ce défaut pourra être corrigé en changeant le nivellement du pavé de cette rue. Parmi les critiques les plus fondées, on peut citer le défaut de saillie du corps central, la mesquinerie du fronton, le peu d'épaisseur des moulures qui entourent les fenêtres, les dimensions exiguës d'une partie de ces fenêtres, la trop grande ressemblance existant entre une partie de l'édifice et le Musée; mais ce sont des défauts qui ne sauraient faire oublier les qualités de l'ensemble. En somme, on peut dire que le Havre est doté d'un monument digne du présent et qui peut répondre aux besoins de l'avenir.

L'édifice se compose d'un corps principal avec deux ailes saillantes formant une cour intérieure, fermée par une grille qui entoure en partie le bâtiment. Son aspect général rappelle le style de la renaissance, l'époque de François Ier, le fondateur du Havre. L'architecte s'est inspiré de la belle façade de l'Hôtel-de-Ville de Paris, tout en produisant une œuvre originale. Deux étages à fenêtres cintrées, de grandes mansardes en pierre, des toits élevés et couronnés de crêtes en plomb, un dôme central surmonté d'un beffroi, tel est, dans son ensemble, l'aspect extérieur du monument.

7

On accède dans l'intérieur de l'édifice par trois grandes arcades qui forment la base du corps central. A droite et à gauche, sont deux vastes escaliers donnant accès à l'entresol, où sont établis d'un côté les bureaux de l'état-civil et des passeports, de l'autre l'octroi, la caisse municipale et celle du bureau de bienfaisance, ainsi que la caisse d'épargnes. Ce péristyle, qui permet aux voitures de traverser l'édifice, est décoré de motifs en plâtre qui auraient été plus convenablement exécutés en pierre sculptée, et dont l'un ressemble un peu trop à un autel.

Dans le plan primitif, les deux escaliers dont nous avons parlé, devaient se réunir pour former le grand escalier donnant accès au premier étage. Mais le conseil des bâtiments s'est opposé à cette combinaison. Les deux tronçons d'escaliers sont restés, et le grand escalier est construit à l'extrémité du péristyle, à gauche. Cet escalier n'est malheureusement qu'une copie de celui du Musée, avec tous ses défauts. Il est à regretter que l'architecte n'ait pas substitué à cet escalier, qui sera trop étroit dans les fêtes, un escalier dans le style de celui qui, dans l'Hôtel-de-Ville de Rouen, conduit au Musée. Mieux vaut imiter ce qui est bien que reproduire ses œuvres avec tous leurs défauts.

Au premier étage, sont les salons de réception sur la façade, les bureaux du secrétariat sur le derrière, les cabinets du maire et des adjoints dans l'aile de l'est et les appartements du Souverain dans l'aile de l'ouest. Les salons de réception présentent un magnifique ensemble de trois galeries et de deux petits salons qui permettront d'y organiser une fête magnifique. De belles cheminées en marbre blanc, aux armes de la ville, ornent les appartements et font le plus grand honneur à la maison Piéton, qui les a fournies. La décoration de ces appartements, dont les boiseries sont peintes en bois de chêne, rappelle les galeries de Fontainebleau, mais est lourde et sombre.

A l'étage supérieur, sont les bureaux d'architecture, de voirie et les archives. De vastes salles restent encore disponibles et pourraient être affectées à la bibliothèque publique. Le déplacement de notre belle collection de livres sera bientôt une nécessité, à cause de l'accroissement que reçoit incessamment le Musée d'histoire naturelle. Cette combinaison aurait l'avantage de rapprocher la bibliothèque des services municipaux, qui y ont fréquemment recours, et de donner à cet établissement un local mieux approprié que celui qu'elle occupe.

Nous avons dit que l'édifice était couronné par un beffroi. De cette hauteur, l'on domine la ville entière, les bassins, la rade, l'embouchure de la Seine, et l'on se trouve placé en face de la grande avenue du château d'Orcher. C'est un panorama vraiment magnifique, et qui impressionne vivement les spectateurs.

De là , l'on plane sur la place Napoléon III et sur l'élégant jardin tracé par M. Loyre, de Paris.

Ce nouvel Hôtel-de-Ville sera sans doute définitif. Il est conçu dans des dimensions suffisantes pour les besoins du présent et pour ceux de l'avenir. Les destinées du Havre sont grandes et belles. Sa prospérité a toujours crû plus rapidement que le Gouvernement et les habitants eux-mêmes ne l'espéraient. Napoléon III, en supprimant les fortifications, a imprimé à cette prospérité un élan nouveau. Le port du Havre est devenu l'objet de sa préoccupation. Il veut y créer un nouveau port dans lequel les plus grands navires puissent trouver un refuge. C'est une grande pensée qui appelle le Havre aux plus hautes destinées. Aussi la ville a-t-elle, dans sa reconnaissance, associé Napoléon III à François Ier, sur le fronton de l'Hôtel-de-Ville, et lui a-t-elle décerné le titre de second fondateur du Havre.

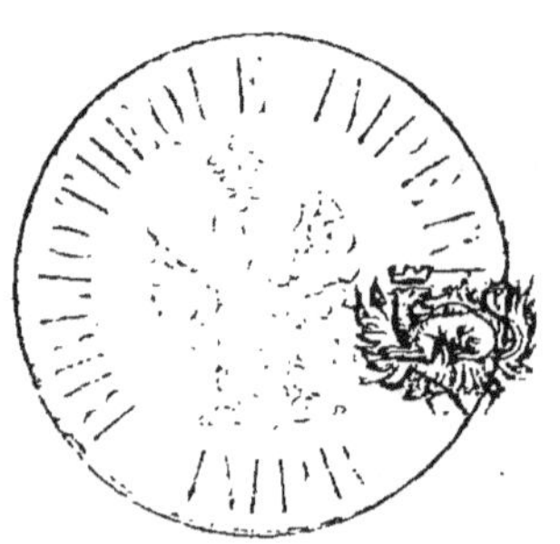

CARTE DU DÉPARTEMENT
DE
L'AIN
DRESSÉE
sous la Direction de
Mr VINCENT
Directeur de l'École Normale Primaire
DE BOURG.
1863
SAÔNE ET LOIRE
JURA
AIN
HAUTE SAVOIE
SUISSE
RHÔNE
ISÈRE
SAVOIE
MACON
BOURG
GENÈVE
LYON
BELLEVILLE
ANSE
10 Kilom.
2 millim. par Kilom.
Explication
des signes Conventionnels.
PRÉFECTURE
SOUS-PRÉFECTURE
Chef-lieu de Canton
Commune
Limites d'Arrondissement
id.   de Canton
Chemins de Fer & Stations
Routes Impériales
id.   Départementales
Chemins Vicinaux
Bourg.— Imp. Lith. DUCOURT, rue Neuve N° 2.